ɔL

El libro secreto de Daniel Torres

Rosana Acquaroni

español

Santillana
Universidad
de Salamanca

La colección LEER EN ESPAÑOL ha sido concebida, creada y diseñada por el Departamento de Idiomas de Santillana Educación, S. L.

El libro secreto de Daniel Torres es una obra original de **Rosana Acquaroni Muñoz** para el Nivel 2 de esta colección.

Edición 1996
Coordinación editorial: **Elena Moreno**
Dirección editorial: **Silvia Courtier**

Edición 2008
Dirección y coordinación del proyecto: **Aurora Martín de Santa Olalla**
Edición: **Begoña Pego**

Edición 2009
Dirección y coordinación del proyecto: **Aurora Martín de Santa Olalla**
Actividades: **Mónica García-Viñó**
Edición: **Susana Gómez**

RASGOS PARTICULARES DE LA LENGUA
EN *EL LIBRO SECRETO DE DANIEL TORRES*

El libro secreto de Daniel Torres presenta algunos rasgos típicos de la lengua de Argentina, donde se desarrolla la historia.

LÉXICO

Presencia de algunos americanismos muy usuales, que se encuentran explicados en el apartado de notas de las páginas 53 a 55. Se trata bien de palabras, acepciones o giros procedentes de alguna lengua indígena de América, o bien de formas usadas en España, pero con menor frecuencia que en América.

VOSEO

En lugar de **tú** se usa el pronombre **vos** con función de sujeto: *vos sabés* en vez de *tú sabes*.

También se emplea **vos** en lugar de *ti* después de las preposiciones: *para vos* en vez de *para ti, con vos* en vez de **contigo**. En cambio, el pronombre **te** sigue cumpliendo las funciones de complemento directo e indirecto: *vos te vestís* en vez de *tú te vistes*.

El vocativo para dirigirse a la segunda persona es **che** y no **vos**: *che, vení y sentate aquí*.

Los posesivos, sin embargo, se usan como en España: *tu libro, el tuyo*.

Para los verbos en presente de indicativo y de subjuntivo, las formas utilizadas con **vos** son las de la segunda persona del plural, con pérdida de la «i» en el caso de los verbos en -AR y en -ER, y también de los verbos irregulares: *tomás* en vez de *tomáis, comés* en vez de *coméis; contás* en vez de *contáis, tenés* en vez de *tenéis; sos* en vez de *sois*. Pero los verbos en -IR no sufren alteración: *vivís*.

En imperativo, las formas utilizadas con **vos** también son las de la segunda persona del plural, pero, en este caso, con pérdida de la «d» final y acentuación de la última vocal: *tomá* en vez de *tomad, comé* en vez de *comed, salí* en vez de *salid*.

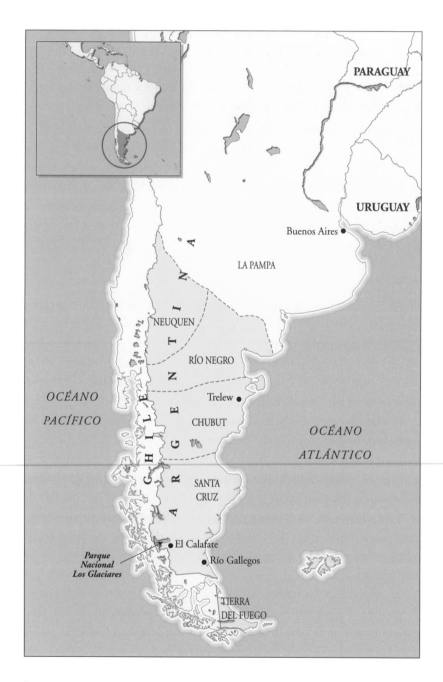

PARAGUAY

URUGUAY

Buenos Aires ●

LA PAMPA

A
R
G
E
N
T
I
N
A

NEUQUEN

RÍO NEGRO

OCÉANO
PACÍFICO

C
H
I
L
E

Trelew ●

CHUBUT

OCÉANO
ATLÁNTICO

SANTA
CRUZ

*Parque
Nacional
Los Glaciares*

● El Calafate

● Río Gallegos

TIERRA
DEL FUEGO

I

Son las ocho de la mañana. Una calle ancha lleva a Daniel hasta el Capitolio, en Washington. Daniel conoce bien las primeras horas de la mañana, esas horas difíciles, después de toda una noche de trabajo. Largas noches sin sueño, llenas de cigarrillos y cafés olvidados sobre la mesa.

Daniel se mueve sin problemas en los bosques de palabras, en las páginas de los diccionarios, entre cuadernos y libros abiertos. Empezar a escribir es siempre una aventura para él. Cuando escribe no hay teléfonos, ni tiempo, ni ciudades, solo una página en blanco y el ruido de su máquina de escribir en mitad de la noche.

Alto, con el pelo rojo y los ojos azules, parece más un *gentleman* inglés que un joven escritor argentino. Va siempre bien vestido, con sombrero negro, corbata azul, abrigo largo casi hasta los pies y zapatos italianos. Le gusta llevar con él un gran bolso, ya un poco viejo, con sus papeles y sus libros.

Tiene que ponerse gafas para leer, pero prefiere no usarlas. Y tía Emily se enfada cada vez que lo ve sin ellas. La verdad es que para su tía Daniel es todavía como un niño.

Cuando en 1961 murió[1] su madre, él solo tenía tres años. Tiempo después también murió su abuela Jane.

Entonces tía Emily fue a buscarlo y lo llevó a Londres con ella; allí vivieron juntos durante muchos años.

El primer apellido de Daniel es Torres, y Davies, el segundo: Daniel Torres Davies. Esto desde luego no es extraño, porque en Argentina hay mucha gente con apellidos españoles, italianos o británicos. Así, Torres es español y Davies, galés.

La madre de Daniel, Gwyneth, y su abuela siempre le hablaron en inglés, lengua que él aprendió al mismo tiempo que el español. Ahora es profesor de literatura comparada en la Universidad de Buenos Aires y, a veces, viaja por todo el mundo para dar conferencias[2].

Esta misma tarde, tiene que dar una sobre Jorge Luis Borges[3] en la Universidad de Washington. Él es uno de los profesores que más sabe sobre este escritor.

Daniel no conoció a su padre, quizás por eso siente que Borges es casi como un padre para él. Hoy más que nunca se da cuenta de que todas las cosas que sabe de literatura las ha aprendido en los libros de Borges. Desde que leyó su cuento[4] «La Biblioteca de Babel[5]», ha querido conocer la Biblioteca del Congreso que es, seguramente, la mayor del mundo; en ella hay millones de libros escritos en todas las lenguas.

Y ahora, después de haberse perdido varias veces por las calles de Washington, Daniel sube, por fin, la gran escalera del Capitolio.

II

DANIEL entra en la sala de lectura de la Biblioteca del Congreso. Mira a su alrededor y no ve a nadie. Un oscuro silencio lo llena todo. «¿Qué puede pasar? —se pregunta, mientras mira su reloj—. Algo no funciona; son las ocho y media y no hay ningún estudiante; no hay nadie…»

Al principio no sabe qué hacer y se queda allí, en medio del silencio, sin moverse. Piensa sin querer en Borges, cuando trabajaba en la Biblioteca Nacional Argentina, y casi puede verlo sentado en su oficina llena de libros y de palabras maravillosas.

Unas voces[6], que parecen llegar del final del pasillo, lo hacen despertar de su sueño[7]. Daniel mira. Una tímida luz, que nace[8] de una puerta de cristales, cruza el pasillo y se pierde en la sala. Seguro que al otro lado de esa puerta están los empleados de la biblioteca. Ellos pueden explicarle qué está ocurriendo. Sin esperar más, Daniel empieza a andar, pero de pronto, en una esquina de la sala, ve unos muebles oscuros.

Muy nervioso va hacia ellos. Desde que, hace dos días, tomó el avión en Buenos Aires, solo ha pensado en hacer una cosa: saber si en los ficheros[9] de esta biblioteca, entre los grandes escritores de todos los tiempos, están su nombre y los libros que él ha escrito. Y ahora, por fin, tiene la ocasión de saberlo.

Saca su pañuelo del bolsillo y se seca las manos. Después enciende una cerilla para poder leer mejor. Daniel se siente como un ladrón en esa sala oscura.

Por fin encuentra la ficha[9] con su nombre y todos sus libros. Esa es, de verdad, su historia. Enciende otra cerilla y lee despacio, libro por libro, sin darse prisa. De repente, entre todos los títulos lee uno que no conoce:

VIAJE A LA PATAGONIA. EDITORIAL[10] LA FLOR ANTÁRTICA[11]. EL CALAFATE. MAYO DE 1961.

Daniel no puede creerlo. Después de ponerse las gafas, enciende la última cerilla que le queda. Allí está; no hay duda. Ha leído bien. Pero ese libro no es suyo. ¡Él no pudo escribirlo! ¡En 1961 solo tenía tres años! ¿Cómo pueden equivocarse así en la biblioteca más importante del mundo?

Escribe en un papel toda la información sobre ese extraño libro y, sin perder un minuto más, cruza el pasillo.

Cuando abre la puerta, ve a muchas personas. Parecen muy enfadadas. Todas hablan a la vez.

–Perdone –dice Daniel a un joven que está cerca de la puerta–, ¿me puede decir qué pasa?

–Pues hay problemas con los empleados. Por primera vez en la historia de la biblioteca están en huelga[12].

Daniel lo mira sin decir nada. ¡Huelga de empleados en la Biblioteca del Congreso! ¡Qué mala suerte! Por eso no había nadie en la sala de lectura.

Después de unos minutos, sale una mujer de otra habitación y todo el mundo se queda en silencio. Tiene los ojos pequeños y la cara larga. Quiere sonreír, parecer simpática, pero no puede.

–Señores –dice la empleada, mientras sus manos juegan nerviosamente con unas llaves–. Lo siento mucho... Ya sé que quieren los libros, pero tienen que entenderlo… La biblioteca va a estar cerrada hasta el lunes que viene. Deben irse…

Antes de poder terminar la mujer estas palabras, todos empiezan a gritar otra vez. Cuatro o cinco personas van hacia la empleada. Daniel intenta hacerse un sitio entre ellas.

–Lo siento, pero no puedo ayudarla –está diciendo la mujer a una estudiante–. Compréndanme, tienen que esperar hasta el lunes.

–Disculpe, pero es que yo no puedo volver otro día –le dice Daniel, que por fin ha conseguido llegar a su lado–. ¿No lo entiende? Mi avión sale mañana temprano para Buenos Aires.

–Lo siento mucho, pero yo no puedo hacer nada por usted, ni por ninguno de ustedes –contesta la empleada.

–Y ¿qué me dice de esto? –pregunta Daniel con el papel que tiene la información sobre el libro en la mano–. Yo soy escritor. Miré en los ficheros y encontré este entre mis libros. ¡Y yo no lo escribí!

–Lo siento, pero la biblioteca ya está cerrada…

–¡Pero tiene que quitar este libro de mi ficha! Además, yo querría verlo –dice Daniel un poco enfadado.

–Está bien, si quiere, deme su teléfono de Buenos Aires. Voy a ver qué puedo hacer.

Daniel escribe su nombre y su teléfono, y luego le da el papel.

«¿Cómo pueden equivocarse así? –se pregunta ya en la calle–. Un libro sobre la Patagonia en mi ficha… ¡De todos los sitios posibles, tiene que ser sobre la Patagonia! Yo nunca quise escribir sobre esa tierra de hielo[13]…»

La verdad es que Daniel Torres nació en la Patagonia, en Trelew, un pequeño pueblo de la provincia[14] patagónica de Chubut. Allí vivió con su madre y después con su abuela hasta que, cuando tenía ocho años, su tía Emily lo llevó a Londres.

–¡Pero tiene que quitar este libro de mi ficha! Además, yo querría verlo –dice Daniel un poco enfadado.

Pero Daniel no quiere acordarse de aquel tiempo. Por eso en sus libros no recoge nada de su vida ni de su familia. Sus historias ocurren siempre lejos, muy lejos, en lugares como Turquía, Zaire o Madagascar.

Daniel quiere olvidar, pero no puede. A veces tiene sueños. En ellos está siempre su madre y también la fiesta de Eistedfod con su música y sus canciones, el río Chubut, grande y ancho, y el ruido del tren que se pierde en la tarde…

III

POR fin, después de un largo viaje en avión, Daniel abre la puerta de su casa, en Buenos Aires. No ha conseguido dormir en todo el viaje y se siente cansado.

El ruido de la ciudad entra por alguna ventana. Daniel deja su viejo bolso encima de la mesa del salón y va a la cocina. Sí, es esa ventana; tía Emily siempre la deja abierta. Dice que la casa huele demasiado a tabaco.

Ya es la hora de cenar. Daniel no tiene ganas de prepararse nada y come solo un poco de pan con queso y una manzana. Luego se va a acostar.

Intenta descansar, pero no puede. Demasiado nervioso para quedarse dormido, se mueve en la cama, de un lado a otro. Sin quererlo, piensa una y otra vez en ese extraño libro sobre la Patagonia. La Patagonia… Trelew… y su madre. Le parece que la está viendo, delante de la vieja casa de Trelew, siempre triste.

Daniel guarda muy pocos recuerdos[15] de su madre. De su padre tampoco sabe mucho. Solo que se llamaba Daniel, como él, y que trabajaba en la industria de la lana[16]. Por eso estaba siempre de viaje por todo el país. En uno de sus viajes conoció a su madre y dos meses después la llevó con él, lejos, no sabe adónde. Luego ella volvió sola y unos meses más tarde nació Daniel. Eso es todo.

Daniel tiene ahora treinta y ocho años. Ha escrito varios libros, pero todavía no conoce la historia de su padre. No sabe si está vivo o ha muerto ya.

«No pienses en tu papá, Daniel. Es mejor para vos. Vos no tenés papá.» Estas palabras de su abuela Jane están siempre dando vueltas en su cabeza y algunas noches, como esta, no lo dejan dormir. En estas ocasiones, Daniel se viste de nuevo y sale de casa. Pasear por las calles de Buenos Aires, andar y andar… Es todo lo que puede hacer para olvidarse de esos recuerdos que tanto le duelen.

IV

BUENOS Aires es una gran ciudad. Allí viven doce millones de personas. Perderse por sus calles en los últimos días de octubre es maravilloso. Los árboles, como el jacarandá y el palo borracho, están llenos de flores. Las plazas, los mercados y los barrios huelen a primavera.

Por la noche, la gente sale a pasear. Se sientan en las terrazas a tomar una cerveza o entran en las tiendas de la avenida Corrientes, que están abiertas hasta muy tarde.

Cuando Daniel sale del portal, ya son más de las diez. Sin saber por qué, va hacia el barrio de San Telmo. Casi todas las tiendas son allí anticuarios[17]; en ellas hay, a buen precio, desde muebles y ropa, hasta libros. Eso sí, todo viejo.

Después de andar de un lado para otro, Daniel pasa delante de una pequeña tienda que se llama *El Aleph*[18], como el maravilloso cuento de Borges.

Un Aleph es uno de los puntos[19] *del espacio*[20] *que contiene todos los puntos.* [...] *El lugar donde están, sin confundirse*[21], *todos los lugares del orbe*[22], *vistos desde todos los ángulos*[23]. [...] *Todos los lugares de la tierra están en el Aleph...* Daniel repite en silencio estas palabras de Borges y siente que esa oscura tienda lo invita a entrar.

Un hombre, sentado en una vieja silla, está escuchando la radio. Cuando Daniel entra, levanta la cabeza y lo mira con ojos fríos. Parece seco y antipático.

–Buenas noches, señor –dice el anticuario, mientras apaga la radio–. ¿Lo puedo ayudar en algo?

–No sé… Solo quería mirar un poco.

–Sí, como todos.

La tienda está en silencio. Daniel anda despacio entre montañas de cosas: maletas, cuadros, pequeños muebles… A su derecha hay una mesa con muchos libros. Daniel toma uno y lo abre.

–¿Le interesan los libros, señor? –le pregunta el anticuario–. Los vendo baratos. Ya sabe, en estos tiempos difíciles, poca gente compra. Todo el mundo vende.

Daniel intenta sonreír, pero no puede. La verdad es que ese hombre le parece antipático de verdad.

–Tengo más libros abajo –dice otra vez el anticuario–. Si le interesan, puede bajar.

La escalera es muy estrecha. Abajo todo está oscuro. Mientras baja, Daniel siente un frío horrible. Por un momento tiene miedo; le parece que está cayendo al centro de la tierra, a un lugar imposible, que nadie ha visto antes, que solo existe para él.

Cuando Daniel llega a la mitad de la escalera, el anticuario enciende la luz.

–¿Así está mejor? –pregunta desde arriba.

–Gracias, muchas gracias… Es usted muy amable.

Daniel empieza a ver los libros. Sin pensar, elige uno de ellos. *El libro de arena*, lee. Daniel sonríe; con un libro de Borges en las manos se siente más seguro. Después de leer un poco, lo deja allí, encima de otros muchos.

Entre todos los libros hay uno de color rojo. Está sucio y Daniel no puede ver bien el título. Saca el pañuelo del bolsillo y lo limpia con él. Entonces lee: *Viaje a la Patagonia*.

No puede creerlo. Se pone las gafas y lee otra vez: *Viaje a la Patagonia. Daniel Torres. Editorial La Flor Antártica.*

Nervioso, sin perder tiempo, abre el libro por la primera página. En ella hay unas palabras escritas a mano:

Para Gwyneth,
este libro y todos sus secretos...
No te olvidan
Jeanette y Percival Masters.

El Calafate, 28 de mayo de 1961.

¡Gwyneth! ¡El nombre de su madre! ¿Cómo es posible? Daniel no sabe qué pensar, las ideas corren demasiado deprisa por su cabeza. De momento, solo quiere salir de allí con el libro. Sube enseguida las escaleras. Paga y sale de la tienda sin decir adiós.

—¡Señor! –grita el anticuario–. ¿No quiere algún libro más?

Pero Daniel ya está en la calle. No oye esas palabras. No puede oír nada. Solo quiere llegar a su casa y sentarse a leer. Sabe que esta noche va a ser muy larga para él.

V

ENTRE sueños, Daniel oye el ruido de unas llaves. Alguien está intentando abrir la puerta de entrada. Pero Daniel sigue en la cama.

—¡A mi edad y las cosas que tengo que ver en esta casa! –le parece oír poco después.

Daniel abre los ojos. Mira el reloj. Son las ocho de la mañana. Como todos los viernes, tía Emily llega temprano.

Daniel y su tía no viven juntos desde hace tiempo. Pero a ella le gusta ocuparse de Daniel, limpiarle la casa, hacerle la comida, lavarle la ropa…

«Si yo no vengo, vos no hacés la comida, no sabés dónde tenés la cabeza» –le dice siempre.

Daniel la comprende. Él es toda su familia. No tiene a nadie más. Además, tía Emily es para él, más que una tía, su segunda madre.

—¡Cómo está todo! –la oye gritar otra vez–. Los vasos y platos sin lavar, y esos cigarrillos… ¡Están por todas partes!

Daniel se levanta. Tiene sueño, pero, con tía Emily en casa, sabe que no puede quedarse más tiempo en la cama.

—Buen día[24], tía –dice con los ojos todavía cerrados, cuando la ve en la cocina.

—Che[25], pequeño Hemingway…, por fin te levantás.

17

—Voy a ducharme, tía.

—¿Te vas a trabajar?

—No, hoy no tengo clase en la universidad —contesta Daniel, ya desde el cuarto de baño.

No se siente demasiado bien esta mañana. Ha estado toda la noche leyendo *Viaje a la Patagonia*. A él no le gustan los libros de viajes; igual que Carlos Argentino Daneri, en *El Aleph*, piensa que al hombre moderno no le hace falta viajar: la televisión, el teléfono y los periódicos le llevan todo el mundo a su misma casa.

Cuando Daniel sale del cuarto de baño, ve a tía Emily en su habitación, la cama ya medio hecha, con el libro en las manos.

—Daniel, ¿qué libro es este? —le pregunta.

—Lo encontré anoche por casualidad, en una tienda de San Telmo...

—¿Pero lo escribiste vos? Es la primera vez que lo veo.

—No, claro que no... Este libro se editó[10] en 1961.

—¡En 1961! Acá está tu nombre bien claro. La verdad, no entiendo nada.

—Tía, ¿qué sabés de mi papá? —pregunta ahora Daniel.

—Nada. Lo mismo que vos. Cuando tu mamá lo conoció, yo ya vivía allá[26], en Londres.

—Es que Daniel Torres es también el nombre de mi papá...

—Claro.

—Tía, ahora abrí otra vez el libro y leé la primera página.

Tía Emily mira a Daniel despacio y luego lee.

—Para Gwyneth... ¡No es posible! Esta es tu mamá, seguro. No puede haber otra.

—Tía, ¿vos sabés quién es ese Masters?

—No. Es la primera vez que oigo ese nombre. Te lo repito, Daniel. No sé nada de la historia de tu mamá y tu papá. Yo me fui muy joven a vivir a Londres. Tenía muchos problemas con mi mamá.

−Daniel, ¿qué libro es este? −le pregunta.
−Lo encontré anoche por casualidad, en una tienda de San Telmo…

Era muy rara y no nos entendíamos... Además, estas son cosas que pasaron hace demasiado tiempo. Y ya sabés que no me gusta hablar del pasado. Ahora me voy a comprar; como siempre, no tenés nada para comer...

–Tía Emily, llevate las llaves. Yo tengo que salir un momento...

–Está bien, chau[27].

VI

Los ríos buscan el mar. Los témpanos[28] se mueven por encima del agua, un agua azul y tranquila. Son los campos de hielo. Glaciares[29] que van a morir en las aguas del lago[30] Argentino. La tierra se abre dura y negra. El hielo tiene escaleras azules, escaleras de piedra y hielo.

Daniel está sentado leyendo otra vez el capítulo VI de *Viaje a la Patagonia*, en la oficina de C. Mendiburu, su editor[10]. Daniel lo conoce desde hace años, y los dos son grandes amigos.

C. Mendiburu está de pie, con el teléfono en la mano. Mientras habla, se mueve de un lado a otro. Por fin deja el teléfono sobre la mesa y se sienta.

–¿Qué sabés? –pregunta Daniel antes de encender otro cigarrillo.

–La editorial La Flor Antártica está cerrada desde hace más de diez años. Parece que va a ser difícil encontrar a su director. Vivió en Buenos Aires y en El Calafate, luego se fue, no sé dónde… Lo siento, Daniel, no te puedo ayudar mucho. Pero yo creo que está bastante claro: Daniel Torres, tu papá, escribió ese libro.

–Eso creo yo también… –contesta Daniel.

–¿Qué te parece? Vos escribís porque sos hijo de un escritor.

Daniel se queda un momento sin decir nada.

–Para llamarse escritor hay que escribir más de un libro, ¿no creés? –contesta un poco enfadado.

El editor sonríe. Otra vez el teléfono. C. Mendiburu mira a Daniel y le pide perdón con los ojos.

–Tranquilo, yo ya me voy –le dice Daniel, mientras abre la puerta de la oficina.

–Pero ¡che! ¿No te quedás? –pregunta el editor con el teléfono en la mano.

–No. Salgo hoy mismo para El Calafate. No puedo esperar más. Vos me entendés. Gracias por todo.

VII

En Argentina hay ríos anchos que cruzan ciudades como mares dulces, y bosques de árboles tan viejos como el mundo. A un lado está el océano Atlántico y al otro, los Andes. Con sus 3.694 kilómetros de Norte a Sur, Argentina es uno de los países más largos de Sudamérica; su cabeza descansa cerca del ecuador[31], con calor todo el año, y sus pies llegan hasta el Polo Sur[32].

Así empieza *Viaje a la Patagonia*. Ese libro que ahora va con Daniel a todas partes. ¿Quién es Percival Masters? ¿Y quién es Jeanette? ¿Por qué está escrito en él el nombre de su madre?

Así empieza también el viaje de Daniel Torres, un viaje al fin del mundo: al sur de la Argentina, a la Patagonia. Una aventura para buscar su historia y su pasado.

Después de esperar un poco en el aeropuerto, Daniel está ya dentro del avión que lo va a llevar hasta Río Gallegos, en la provincia de Santa Cruz. Es una ciudad importante, que mira al océano Atlántico.

En el avión, Daniel se sienta al lado de una señora que habla y habla sin parar. Pero Daniel no quiere hablar con nadie. Mira una y otra vez su reloj. Solo quiere llegar a Río Gallegos y tomar enseguida el autobús para El Calafate. Allí espera encontrar a Masters, quizás también a su padre.

Daniel tiene el libro de la Patagonia en la mano. Lo abre y lee:

La Patagonia tiene cinco provincias: Neuquén, Río Negro, Chubut, Santa Cruz y Tierra del Fuego. Es una tierra llena de secretos. Magallanes la llamó Patagonia porque en ella vivieron, hace mucho tiempo, los indios[33] patagones. Estos se hacían unos zapatos con grandes trozos de piel[34] de animales. Con esos originales zapatos, sus pies parecían muy grandes.

La Patagonia, tierra olvidada, tierra de frío, de hielo y de fuertes vientos. Sus desiertos[35] no terminan nunca. Allí queremos llegar... Allí, al final de la tierra...

VIII

EL autobús que va a El Calafate es viejo y amarillo, con dibujos negros. El viaje es muy largo: trescientos dieciséis kilómetros, que parecen muchos más, porque el autobús va muy lento y no es muy cómodo. Hace ya tres horas que salieron de Río Gallegos. Ahora están cruzando el desierto y hay muy pocas casas. Solo alguna perdida en medio del campo. Son kilómetros y kilómetros de desierto. Mucho frío. También en primavera. Pero la gente que vive allí parece no sentirlo.

Por esa carretera pasan muy pocos coches. Cuando se cruzan con alguno, los viajeros del autobús le dicen adiós con la mano, porque no saben cuándo van a encontrarse con otro.

En el autobús, los niños juegan y ríen. El viaje para ellos es divertido. Los más pequeños lloran. Los otros viajeros hablan de sus cosas. A Daniel le gusta escucharlos. En las grandes ciudades como Buenos Aires o Londres, los autobuses son más aburridos. Nadie habla con gente que no conoce.

Daniel está sentado detrás del todo, al lado de un hombre bastante viejo. Es un hombre de campo, con la cara y las manos secas y morenas por el sol. El viejo mira una y otra vez a Daniel. Es difícil encontrar a un hombre vestido con ropa de ciudad por esos lugares.

Ya son más de las doce de la mañana, la hora de comer en Argentina.

El viejo abre su bolso y saca un trozo de pan y otro de queso.

–¿Quiere? –le pregunta a Daniel.

–No, muchas gracias, no tengo hambre…

–Yo me llamo Rubén Prieto –dice el viejo enseguida.

–Encantado. Yo soy Daniel Torres.

Los dos hombres se dan la mano.

–Usted no es de acá[36], ¿verdad? –le pregunta el viejo.

–No, no. Bueno, la verdad es que nací en Trelew, pero vivo en Buenos Aires.

–Buen pueblo Trelew… yo tengo un pariente allá. Se llama Marcelo, Marcelo Paleta. ¿Lo conoce? Es músico y está casado con una mujer galesa.

–No, no lo conozco. Hace muchos años que no vengo por acá. Pero, por favor, ¿podemos tratarnos de vos?

El viejo sonríe, mientras se mete un trozo de queso en la boca.

–Yo tampoco vengo mucho por acá. Es que vivo en Río Gallegos y estoy muy ocupado. Tengo una tienda, ¿sabés? Y decime, ¿vos tenés familia en El Calafate?

Daniel no sabe qué contestar. Piensa en Masters.

–No, no… Vengo a ver a un viejo amigo de mi papá. Se llama Masters.

–¡Ah, sí, el viejo Percival Masters!

–¿Vos lo conocés? –pregunta Daniel muy interesado.

–Bueno, Masters es muy conocido por acá. Además, yo trabajé en la lana desde chico como él. Pero Masters no es de El Calafate; él nació en Cabo Vírgenes, en el estrecho de Magallanes. Hace mucho tiempo que no lo veo, desde que me fui a vivir a Río Gallegos… Pero en El Calafate no lo vas a encontrar –dice el viejo, después de un silencio–. Él y su mujer, Jeanette, viven en Cristina. Son cuatro ho-

—*Usted no es de acá, ¿verdad? —le pregunta el viejo.*
—*No, no. Bueno, la verdad es que nací en Trelew, pero vivo en Buenos Aires.*

ras en barco, desde Puerto Banderas, por el brazo Norte del lago Argentino, al lado del glaciar Upsala.

–Y ¿cómo puedo llegar hasta allá? –pregunta Daniel.

–Los barcos salen por la mañana desde Puerto Banderas y van por el lago Argentino hasta el glaciar Upsala. No llegan hasta Cristina…

Rubén se mete ahora el último trozo de pan en la boca y mira a su alrededor.

–Pero con un poco de plata[37]… todo es posible… ya me entendés… –dice, mientras le da con el brazo a Daniel.

IX

POR fin estamos enfrente del glaciar Perito Moreno, el más grande del lago Argentino. Tiene 30 kilómetros de largo y una pared de 5 kilómetros; de ellos más de 60 metros están por encima del mar.

Este lugar es Parque Nacional desde 1937, el Parque Nacional Los Glaciares.

Hay otros glaciares dentro del lago Argentino: el Upsala, el Ameghino, el Mayo, el Agassiz y el Bolado.

Casi todos los glaciares del mundo llevan dormidos más de mil años. El Perito Moreno no, siempre se está moviendo. Pero no nos damos cuenta. Se mueve despacio, muy despacio, como un animal de hielo. No hay muchos glaciares como este, solo en Alaska, en Groenlandia o en el Himalaya.

El Perito Moreno se encuentra en la parte sur del lago Argentino y sus aguas forman dos canales[38]: el lado derecho se llama Canal de los Témpanos y el izquierdo, Brazo Rico, porque lleva más agua que el primero. Por eso, desde 1947, una vez cada cuatro años, el glaciar se rompe por algún sitio hasta tener la misma agua en los dos canales. Sus aguas suben y suben, y a veces llegan hasta la península de Magallanes. Cuando esto ocurre, trozos de hielo tan grandes como edificios empiezan a caer desde arriba, en medio de un gran ruido. Mucha gente viene de todo el mundo para verlo.

Daniel está solo, delante del glaciar, leyendo *Viaje a la Patagonia*. Se siente fuera del tiempo y del mundo. Empieza a llover. Llueve sobre el hielo y el agua. La tierra mojada parece abrirse bajo sus pies. El hielo azul... El ruido de la lluvia sobre los árboles... El color del lago en la tarde... Sus aguas tranquilas... El glaciar que parece ahora un gran animal muerto... Daniel piensa en sus padres. Le parece estar viéndolos pasear delante del glaciar, cogidos del brazo. Sin duda se querían mucho. Pero entonces, ¿por qué su padre no fue nunca a buscar a su madre? No puede comprenderlo. Tiene que haber una respuesta y seguro que Masters la conoce. Mañana, a las ocho de la mañana, va a ir hasta Puerto Banderas para tomar un barco hacia el glaciar Upsala.

Daniel solo conoce a su padre por una vieja foto en blanco y negro: un hombre grande, de pelo negro y largos bigotes, pantalón blanco y sombrero ancho. Sonríe. Daniel guarda esa foto como una extraña joya.

Cada vez está más seguro de que su padre escribió ese libro. Y le parece que leerlo es como estar hablando con él.

X

A esas horas de la mañana, las aguas del lago Argentino parecen rojas. El sol sale despacio. Su luz se rompe como un cristal sobre las aguas del lago. A Daniel todo le parece un sueño... Estar allí, en Puerto Banderas, en mitad del desierto, lejos de Buenos Aires y, sobre todo, lejos de su máquina de escribir...

Un barco está entrando en el puerto. Cuando llega a tierra, sale una empleada, una chica joven.

–Señorita, perdone, quiero saber cómo puedo ir a Cristina –le explica Daniel.

–Nuestro barco solo llega a la bahía Onelli, casi enfrente del glaciar Upsala. Cristina está más cerca del glaciar.

Mientras la empleada y Daniel hablan, algunos viajeros empiezan a entrar en el barco.

–Rodrigo puede llevarlo –le está diciendo la joven–. Él conoce bien el lago. Espérelo acá, en el puerto. Siempre llega una media hora más tarde que nosotros.

Poco tiempo después, Daniel ve otro barco entre la niebla[39], uno bastante más pequeño. Daniel baja las escaleras casi hasta el agua del lago para esperarlo allí. Por fin, después de unos minutos, lo tiene delante.

—Buen día, estoy buscando a Rodrigo... —dice Daniel al hombre que está dentro del barco.

—Yo soy Rodrigo, ¿qué necesita?

Rodrigo es de esos hombres que no miran nunca a los ojos cuando hablan. Tiene unos brazos fuertes y fuma mientras habla, sin sacarse el cigarrillo de la boca. Esta mañana está, además, de mal humor.

Daniel se acuerda ahora del consejo de Rubén Prieto, el viejo del autobús, y sin perder más tiempo saca dinero del bolsillo.

—Quiero ir a Cristina. Sé que usted puede llevarme... —le dice.

Rodrigo, por primera vez, lo mira despacio.

—Bueno... No es fácil cruzar el lago hasta Cristina en un día como hoy. Es peligroso. El canal está lleno de témpanos y hay mucha niebla.

—¿Cuánto quiere? —le pregunta Daniel de pronto, con el dinero en la mano.

—Cien dólares, y es barato. Acá, en Puerto Banderas, no va a encontrar a nadie como yo. Conozco muy bien todos los canales.

—De acuerdo —contesta Daniel.

XI

EN las cuatro horas de viaje en barco hasta Cristina, Rodrigo y Daniel no abren la boca. Ninguno de los dos hace preguntas. Daniel solo piensa en encontrar a Masters. El viaje por el Brazo Norte del lago Argentino es lento. El barco se mueve de un lado a otro. Daniel puede ver cómo, muy cerca de ellos, pasan los grandes témpanos de hielo. Algunos parecen cuchillos.

A las doce de la mañana, el sol empieza a abrirse entre la niebla. Por fin, Daniel ve la tierra cerca.

–Tome la plata, y ya sabe, quedamos acá mismo dentro de tres horas –le dice a Rodrigo, cuando llegan al pequeño puerto.

Rodrigo no habla, solo mueve un poco la cabeza para decir que sí.

***

Este Daniel que baja del barco no es el mismo que dejó Buenos Aires hace unos días. Ahora lo mira todo con otros ojos. Ese lago, esas montañas, ese cielo limpio lo han cambiado para siempre.

Después de preguntar a varias personas y de andar bastante por una carretera de tierra, Daniel llega por fin a la casa de Masters. Tiene las manos muy frías y casi no siente los pies.

Daniel entra en el jardín y sube las escaleras que conducen a la puerta. Llama tres veces. Al principio no contesta nadie. Poco después, una mujer de pelo blanco y ojos tristes abre la puerta.

—Buen día —le dice Daniel—. Estoy buscando a la familia Masters.

—Yo soy Jeanette Masters. ¿Qué necesita?

—Usted no me conoce… soy Daniel Torres, el hijo de Gwyneth…

Jeanette abre los brazos y al mismo tiempo toda su cara se enciende. Enseguida, coge la mano de Daniel y lo lleva dentro de la casa.

El sol de la mañana entra por las ventanas del salón. Las paredes están llenas de fotos, entre ellas, viejas fotos de Jeanette y de un hombre fuerte, Masters, sin duda.

Los dos se sientan. Todavía no han dicho una sola palabra, pero parecen conocerse desde siempre. Por fin, Jeanette empieza a hablar.

—Muchas veces pienso en tu mamá y tu papá —dice—. No es fácil encontrar tan buenos amigos como ellos. Además, ahora que Percival, mi marido, no está, me siento muy sola… y tengo mucho tiempo para pensar.

—Entonces, Masters…

—Sí, murió en el invierno de 1980. Mis dos hijos viven en Buenos Aires y quieren llevarme allá, con ellos. Pero yo no quiero; prefiero quedarme en mi casa, en nuestra casa… hasta el final de mi vida.

Daniel baja la cabeza y toma la mano de Jeanette. En el silencio de la mañana, casi puede oír la canción de las aguas que pasan sobre el hielo.

—¿Usted sabe algo de mi papá? —le pregunta por fin.

—Tu papá también murió. En 1957. Fue un accidente horrible… Ahora esas cosas no pasan, pero en aquellos años vivir en la Patagonia era muy difícil y peligroso. Una tarde tu papá salió con el barco. Hacía buen tiempo, pero el viento cambió y empezó a llover muy

—*Muchas veces pienso en tu mamá y tu papá. No es fácil encontrar tan buenos amigos como ellos.*

fuerte. No volvió. Mi marido lo buscó con su barco día y noche. Pero no lo encontró. A los pocos días le dimos la horrible noticia a tu mamá.

Daniel mira el jardín por la ventana, extrañamente lleno de flores.

—Tu mamá y tu papá se conocieron en Trelew. Pero a tu abuela no le gustaba tu papá. Ella prefería a un hombre del pueblo, un galés que tenía mucho dinero. Por eso, una noche tu mamá y tu papá se fueron de Trelew. Después de viajar de un lado a otro, oyeron hablar de Masters. Tu papá buscaba trabajo y mi marido lo ayudó. Fue hacia 1956 cuando ellos llegaron a El Calafate. Un año más tarde, tu mamá tuvo que volver a Trelew porque estaba esperando un hijo y en El Calafate no había médico. Ese hijo eras vos, Daniel. Tu papá se quedó porque era necesario; eran tiempos difíciles y acá tenía trabajo. Además, en Trelew estaba tu abuela y ella no quería oír hablar de él. Tu papá le dijo a tu mamá que iba a volver a buscarla para llevarla con él. Pero aquel accidente...

—Y ¿cuándo escribió mi papá este libro? —pregunta Daniel mientras lo saca de su bolso.

—Nunca. Este libro lo escribió tu mamá.

—¿Mi mamá?

—Sí, Daniel. Cuando murió tu papá, ella empezó a escribir. Para ella era como vivir otra vez los días felices con tu papá, acá, en la Patagonia. La pasó muy mal con tu abuela; esta no la perdonó nunca.

—Los últimos años de mi mamá tuvieron que ser muy difíciles. En mis recuerdos siempre la veo muy triste y callada —dice Daniel con la voz rota después de un silencio.

—Sí, por eso escribía y escribía. En todas sus cartas hablaba de su libro... Mi marido era radioaficionado[40] y por su radio hablaba con mucha gente. Un día conoció a un hombre muy rico que quería abrir una editorial en El Calafate.

—La Flor Antártica, ¿verdad?

—Eso es. Masters y él se hicieron amigos, buenos amigos. Entonces mi marido le pidió el libro a tu mamá, porque era una buena ocasión para editarlo. A ella le pareció bien, pero quiso poner el nombre de tu papá. Ese libro fue su gran secreto.

—Entonces el libro secreto de Daniel Torres es, en verdad, el libro secreto de Gwyneth Davies.

—Así es, pero ella no pudo verlo.

—Mi mamá murió en abril de 1961... —dice Daniel.

—Sí, y el libro se editó en mayo de ese mismo año. Cuando le mandamos el libro, nosotros todavía no sabíamos que estaba muerta.

Daniel lleva mucho tiempo allí sentado, con Jeanette. Tiene que volver al puerto. Rodrigo lo está esperando, pero todavía hay demasiadas preguntas sin respuesta... Esas paredes, los armarios, los muebles, guardan muchos secretos de su historia: fotos de sus padres, cartas, viejas palabras ya olvidadas...

Las horas pasan. Cuando se sientan a comer, Daniel ya sabe que va a quedarse algunos días más en Cristina, días y días de recuerdos llenos de vida.

Durante ese tiempo, Daniel, igual que Carlos Argentino Daneri en *El Aleph*, siente que todos los lugares del mundo se cruzan en un mismo punto: Cristina, Trelew, Londres, Buenos Aires, Washington, El Calafate...

Y comprende que todos los momentos que ha vivido le conducen a ese lugar maravilloso; allí, en Cristina, él también tiene un Aleph; allí su vida tiene una explicación y, por fin, puede ver la cara de su destino[41].

XII

EN Buenos Aires, todo sigue igual. Encima de su mesa de trabajo, un papel escrito espera a Daniel.

Mi pequeño Hemingway:

Me tenés muy preocupada. No sé dónde estás. No sé dónde buscarte. Llamaron de la Biblioteca del Congreso de Washington: una señorita me dijo que todo está bien, que ya han quitado ese libro de tu ficha.

Por favor, llamame. Te quiere,

tía Emily.

P. D.: Te he preparado un pollo con papas[42]*, como a vos te gusta.*

ACTIVIDADES

Antes de leer

1. Lee el texto de la contraportada del libro. Como ves, esta es una historia de un personaje en búsqueda de su pasado. Lee estos fragmentos extraídos del relato y contesta a las preguntas que hay debajo.

> *Pero Daniel no quiere acordarse de aquel tiempo.* (cap. II)

> *Daniel quiere olvidar, pero no puede.* (cap. II)

> *Es todo lo que puede hacer para olvidarse de esos recuerdos que tanto le duelen.* (cap. III)

> *... estas son cosas que pasaron hace demasiado tiempo. Y ya sabés que no me gusta hablar del pasado.* (cap. V)

- ¿Qué crees que va a encontrar el protagonista en su búsqueda? ¿Cosas positivas o cosas negativas?

  _____

- ¿Crees que es una buena idea buscar secretos del pasado? ¿Por qué?

  _____

2. La acción de la historia que vas a leer se desarrolla en Argentina. ¿Qué sabes de este país? Marca la opción correcta en cada caso.

   a. Argentina es *el país/ el segundo país* más grande de Sudamérica.

   b. La capital de Argentina es *Lima/ Buenos Aires*.

   c. El clima del sur de Argentina es *muy frío/ muy caluroso*.

   d. La provincia situada más al sur de Argentina es *Río Negro/ Tierra del Fuego*.

   e. La *Patagonia/ Amazonia* es una región de Argentina.

   f. En Argentina hay un famoso glaciar llamado *Perito Moreno/ Calafate*.

Durante la lectura

Capítulo I

3. 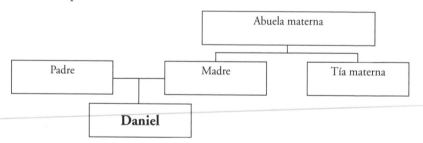 Escucha el capítulo y completa esta ficha con los datos del protagonista.

Nombre: ───────────────

Primer apellido: ───────────────

Segundo apellido: ───────────────

Año de nacimiento: ───────────────

Nacionalidad: ───────────────

Profesión: ───────────────

Lugar de trabajo: ───────────────

4. Ahora lee el capítulo y comprueba tus respuestas.

5. Completa este árbol genealógico con los nombres de los parientes de Daniel que conoces.

Abuela materna		
Padre	Madre	Tía materna

Daniel

6. Señala si estas afirmaciones sobre Daniel son verdaderas o falsas.

a. Fuma. ☐

b. No es elegante. ☐

c. Lleva gafas. ☐

d. Ha vivido mucho tiempo en Washington. ☐

e. Es experto en Borges. ☐

f. Es de origen italiano. ☐

Capítulo II

7. (2) Escucha el capítulo y marca la opción correcta.

Cuando Daniel entra en la Biblioteca del Congreso está extrañado:

a. porque encuentra allí a Borges.

b. porque no ve a nadie.

c. porque hay muchos estudiantes.

Cuando ve los ficheros está impaciente:

d. porque quiere leer los libros de los grandes escritores.

e. porque está buscando un libro de Borges.

f. porque quiere saber si sus libros están en la Biblioteca del Congreso.

Cuando ve el título *Viaje a la Patagonia* se sorprende:

g. porque él no ha escrito ese libro.

h. porque es un libro muy viejo.

i. porque es un libro muy bueno.

Cuando habla con la empleada de la biblioteca, Daniel se enfada:

j. porque es muy antipática.

k. porque ella dice que no puede ayudarlo.

l. porque no va a poder viajar a Buenos Aires.

8. Ahora lee el capítulo y comprueba tus respuestas.

9. ¿Por qué crees que Daniel no quiere acordarse de su infancia ni del lugar donde nació? Escribe tus hipótesis. Más adelante podrás comprobar si has acertado.

_____

_____

_____

Capítulo III

10. ③ Escucha el capítulo y completa estas oraciones con tus palabras.

    a. Después del viaje, Daniel se siente cansado porque...
    b. No tiene ganas de preparar la cena y solo come...
    c. No puede descansar porque piensa todo el rato en...
    d. Cuando quiere olvidar los recuerdos que le duelen, Daniel suele...

11. Ahora lee el capítulo y comprueba tus respuestas.

12. En este capítulo has conocido el nombre del padre de Daniel. Añádelo al árbol genealógico de la actividad 5.

Capítulo IV

13. ④ Escucha el capítulo y señala cuál de estas opciones lo resume mejor.

    a. Daniel pasea por Buenos Aires y se hace amigo de un anticuario.
    b. Daniel entra casualmente en un anticuario y allí encuentra algo que no esperaba.
    c. Daniel entra en un anticuario y compra varios libros de Borges.

14. Ahora lee el capítulo y comprueba tus respuestas.

15. Recopila los datos que tienes sobre el libro que encuentra Daniel. ¿Crees que tienen alguna relación con él? Escríbelo. Más adelante, podrás descubrir si has acertado.

> Título: _____ Autor: _____
> Editorial: _____
> Nombre de la persona a la que está dedicado el libro: _____
> Nombre de las personas que firman la dedicatoria: _____
> _____

Capítulo V

16. (5) Escucha el capítulo y señala cuáles de estas tareas domésticas se mencionan.

a. Limpiar la casa. ☐
b. Hacer la comida. ☐
c. Planchar la ropa. ☐
d. Lavar la ropa. ☐
e. Lavar los platos. ☐

f. Limpiar los cristales. ☐
g. Hacer la cama. ☐
h. Limpiar el polvo. ☐
i. Hacer la compra. ☐
j. Fregar el suelo. ☐

17. Ahora lee el capítulo y comprueba tus respuestas.

18. ¿Recuerdas cómo reacciona tía Emily cuando encuentra *Viaje a la Patagonia* en el dormitorio de Daniel? Señala la opción correcta.

Se asusta. ☐   Se sorprende. ☐   Se enfada. ☐   Se preocupa. ☐

19. En este capítulo se dice que Daniel tiene la misma opinión que un personaje de Borges. ¿Estás de acuerdo tú con estas palabras? Escríbelo.

> *Al hombre moderno no le hace falta viajar: la televisión, el teléfono y los periódicos le llevan todo el mundo a su misma casa.*

Capítulo VI

20. (6) Escucha el capítulo y responde a las preguntas.
a. ¿Quién es C. Mendiburu?
b. ¿Por qué ha ido Daniel a verlo?
c. ¿Quién piensa C. Mendiburu que escribió *Viaje a la Patagonia*?
d. ¿Qué decide hacer Daniel después de hablar con él?

21. Ahora lee el capítulo y comprueba tus respuestas.

Capítulo VII

22. (7) Escucha el capítulo y completa estas oraciones con los nombres de los lugares y los medios de transporte que faltan.

Daniel va a viajar desde Buenos Aires hasta ——————————— en ———————————. Desde allí va a viajar hasta ——————————— en ———————————.

23. Ahora lee el capítulo y comprueba tus respuestas.

24. En este capítulo y en el anterior han aparecido algunas palabras relacionadas con la geografía. Escribe cada palabra junto a su significado.

bosque	océano	desierto	ecuador
Polo Sur	glaciar	río	lago

a. ———————————: línea imaginaria que divide la Tierra en dos partes.

b. ———————————: gran extensión de agua dulce.

c. ———————————: región situada en la parte más al sur de la Tierra, donde hace mucho frío.

d. ———————————: masa de hielo que se encuentra en las zonas más frías de la Tierra, las altas montañas o los polos.

e. ———————————: lugar deshabitado cubierto de piedras o arena donde llueve muy poco y hay muy pocas plantas.

f. ———————————: mar que cubre la mayor parte de la superficie de la Tierra.

g. ———————————: corriente de agua dulce que normalmente termina en un lago o en el mar.

h. ———————————: lugar poblado de muchos árboles y plantas.

Capítulo VIII

25. En el autobús que lo lleva a El Calafate, Daniel conoce a un viejo de la zona llamado Rubén Prieto. Antes de leer el texto, mira las respuestas de Daniel e intenta completar el diálogo con las intervenciones de Rubén.

    El viejo abre su bolso y saca un trozo de pan y otro de queso.

    –_____

    –No, muchas gracias, no tengo hambre...

    –_____

    –Encantado. Yo soy Daniel Torres.

    –_____

    –No, no. Bueno, la verdad es que nací en Trelew, pero vivo en Buenos Aires.

26. ⑧ Escucha el capítulo. ¿Se parece el diálogo a lo que habías escrito?

27. Ahora lee el capítulo y toma nota de la información que le da Rubén Prieto a Daniel sobre Masters.

    _____

    _____

28. Como sabes, el viaje de Daniel no termina en El Calafate. Responde a estas preguntas.

    a. ¿Hasta dónde debe viajar Daniel si quiere encontrar a Percival?

    b. ¿Qué medio de transporte debe utilizar?

    c. ¿Qué problema hay?

Capítulo IX

29. ⑨ Escucha la primera parte del capítulo y marca si estas afirmaciones son verdaderas o falsas.

a. El glaciar Perito Moreno es el más grande del mundo. ☐

b. Es el único glaciar del lago Argentino. ☐

c. Es uno de los pocos glaciares del mundo que se mueve. ☐

d. Muchos turistas vienen cada cuatro años para ver cómo se rompe el glaciar. ☐

30. Ahora lee esa parte del capítulo y corrige tus respuestas.

31. Daniel, delante del glaciar, piensa en sus padres. ¿Qué crees que ocurrió entre ellos? ¿Por qué se separaron? Escribe tus hipótesis. Más adelante podrás comprobar si has acertado.

32. ⑩ Escucha el final del capítulo. Según la descripción que se hace del padre de Daniel, ¿cuál de los siguientes hombres crees que podría ser?

Capítulo X

33. (11) Escucha el capítulo y marca la opción correcta.

Por la *mañana/tarde*, Daniel espera el *barco/autobús* que viaja hasta *Buenos Aires/la bahía Onelli*. Una *chica joven/señora mayor* le informa de que ese barco no llega *al lago Argentino/a Cristina*, pero que un hombre llamado Rodrigo puede *llevarle/informarle*. Cuando Rodrigo llega *al poco rato/mucho más tarde*, resulta ser un hombre *simpático/antipático* que le dice a Daniel que el viaje es *fácil/difícil* y que *mucha/poca* gente conoce bien el camino.

34. Ahora lee el capítulo y comprueba tus respuestas.

Capítulo XI

35. (12) Lee este texto. Después, escucha la primera parte del capítulo y corrige los datos que no se corresponden con lo que has escuchado.

Daniel emprende el viaje con Rodrigo en su barco. Durante las catorce horas que dura el trayecto, charlan animadamente. El paisaje que los rodea es blanco y frío. Cuando llegan al puerto, Daniel se despide de Rodrigo y le dice que volverá al día siguiente.
Daniel baja del barco y, después de preguntar a varias personas, consigue llegar hasta la casa de Masters cansado y con frío. Cruza el jardín, sube las escaleras y llama a la puerta. Abre una mujer que lleva un vestido blanco y tiene los ojos azules.

36. Ahora lee esa parte del texto y comprueba tus respuestas. ¿Qué crees que va a pasar después? ¿Cómo va a reaccionar Jeanette Masters? Escríbelo.

37. (13) Intenta relacionar los elementos de las columnas para desvelar la clave del misterio. Luego, escucha el final del capítulo y comprueba los resultados.

a. Jeanette es la mujer de Percival Masters, ...

b. El padre de Daniel murió en 1957...

c. Los padres de Daniel se conocieron...

d. Los padres de Daniel se mudaron a El Calafate...

e. Gwyneth volvió a Trelew...

f. Cuando murió su marido, ...

g. Masters consiguió que se publicara el libro...

h. Gwyneth puso como autor del libro...

i. Gwyneth murió...

1. a su marido, Daniel.
2. en Trelew.
3. porque esperaba un hijo.
4. antes de ver publicado el libro.
5. que murió en 1980.
6. que había escrito Gwyneth.
7. porque a la madre de Gwyneth no le gustaba el marido de su hija.
8. en un accidente.
9. Gwyneth empezó a escribir.

38. Según lo que has leído, ¿cuáles de los siguientes adjetivos crees que describen el carácter de la abuela de Daniel?

comprensiva ☐   simpática ☐   materialista ☐

dura ☐   autoritaria ☐   cariñosa ☐

39. Ahora completa estas oraciones usando algunos de los adjetivos de la actividad anterior.

a. Creo que la abuela de Daniel es ——————— porque no perdona a su hija.

b. También es ——————— porque quiere que su hija se case con un hombre rico.

c. Es ——————— porque quiere que su hija haga lo que le dice.

d. No es ——————— porque no entiende el amor de su hija por el padre de Daniel.

40. Daniel le ha dicho a Rodrigo que va a volver a Puerto Banderas dentro de tres horas, pero al final decide quedarse unos días con Jeanette Masters. ¿Cómo crees que va a sentirse Rodrigo? Imagina el diálogo entre Rodrigo y Daniel y escríbelo.

Capítulo XII

41. ⑭ Escucha el capítulo. ¿Qué se describe en él?

 a. Un mensaje telefónico de tía Emily.

 b. Una carta de tía Emily.

 c. Una conversación cara a cara entre tía Emily y Daniel.

42. Lee el capítulo y ayuda a Daniel a escribir una respuesta a su tía.

Querida tía Emily:

Perdona por no haberte escrito antes. Ahora mismo estoy en

———————————. Aquí he conocido a ——————————.

Me ha explicado muchas cosas sobre mi mamá y mi papá.

———————————————————————

———————————————————————

———————————————————————

———————————————————————

Mis planes ahora son ———————————————————

———————————————————————

———————————————————————

Muchos besos de tu sobrino,

Daniel

43. Ahora Daniel sabe quién es la verdadera autora de *Viaje a la Patagonia*. ¿Cómo crees que se siente ahora que han quitado el libro de su ficha?

———————————————————————

———————————————————————

Después de leer

44. El padre de Daniel era de origen español y su madre, de origen galés. ¿Crees que este factor afectó su destino de algún modo? Coméntalo con tus compañeros.

45. En el capítulo XI leíste estas palabras. ¿Cómo crees que era Daniel antes y cómo es ahora? ¿Has tenido tú alguna experiencia en la vida que te ha cambiado? Coméntalo con tus compañeros.

> *Este Daniel que baja del barco no es el mismo que dejó Buenos Aires hace unos días. Ahora lo mira todo con otros ojos. Ese lago, esas montañas, ese cielo limpio lo han cambiado para siempre.*

46. Vuelve a mirar lo que escribiste en la actividad 1. Ahora que has leído el libro, ¿te parece que Daniel ha hecho bien en buscar su pasado? ¿Por qué? Escríbelo.

_____

_____

_____

_____

SOLUCIONES

2. a. el segundo país; b. Buenos Aires; c. muy frío; d. Tierra del Fuego; e. Patagonia; f. Perito Moreno

3. Nombre: Daniel
   Primer apellido: Torres
   Segundo apellido: Davies
   Año de nacimiento: 1958
   Nacionalidad: argentino
   Profesión: profesor universitario y escritor
   Lugar de trabajo: Universidad de Buenos Aires

5. Abuela materna: Jane. Madre: Gwyneth. Tía materna: Emily

6. Verdaderas: a; c; e. Falsas: b; d; f

7. b; f; g; k

10. a. ... no ha dormido en todo el viaje. b. ... un poco de pan con queso y una manzana. c. ... el extraño libro que ha encontrado en su ficha. d. ... salir a dar un paseo.

12. Daniel

13. b

15. Título: *Viaje a la Patagonia*. Autor: Daniel Torres. Editorial: La Flor Antártica. Nombre de la persona a la que está dedicado el libro: Gwyneth. Nombre de las personas que firman la dedicatoria: Jeanette y Percival Masters

16. a; b; d; e; g; i

18. Se sorprende.

20. a. Es el editor y amigo personal de Daniel. b. Para obtener información sobre la editorial que publicó *Viaje a la Patagonia*. c. El padre de Daniel. d. Viajar a El Calafate para investigar sobre el tema.

22. Río Gallegos; avión; El Calafate; autobús

24. a. ecuador; b. lago; c. Polo Sur; d. glaciar; e. desierto; f. océano; g. río; h. bosque

27. Trabajó con Rubén. Nació en Cabo Vírgenes. Actualmente vive con su mujer, Jeanette, en Cristina.

28. a. Hasta Puerto Banderas y desde allí hasta el glaciar Upsala y luego a Cristina. b. El barco. c. Que los barcos no llegan hasta Cristina.

29. Verdaderas: c; d. Falsas: a; b

32. b

33. mañana; barco; la bahía Onelli; chica joven; a Cristina; llevarle; al poco rato; antipático; difícil; poca

35. Durante las cuatro horas que dura el trayecto casi no hablan. Daniel se despide de Rodrigo y le dice que volverá tres horas después. Abre una mujer con el pelo blanco y los ojos tristes.

37. a-5; b-8; c-2; d-7; e-3; f-9; g-6; h-1; i-4

38. dura; autoritaria; materialista

39. a. dura; b. materialista; c. autoritaria; d. comprensiva

41. b

NOTAS

Estas notas proponen equivalencias o explicaciones que no pretenden agotar el significado de las palabras o expresiones siguientes, sino aclararlas en el contexto de *El libro secreto de Daniel Torres*.

m.: masculino, *f.*: femenino, *sust.*: sustantivo, *adj.*: adjetivo, *inf.*: infinitivo.

El libro secreto de Daniel Torres: algo **secreto** (*adj.*) o un **secreto** (*sust. m.*) es aquello conocido solo por muy pocas personas y que no se enseña ni se comunica al resto de la gente.

[1] **murió** (*inf.: **morir**): dejó de vivir.

[2] **dar conferencias** (*f.*): hablar sobre un tema cultural o científico delante de un público.

[3] **Jorge Luis Borges**: escritor argentino (1899-1986). Poeta y, sobre todo, autor de muchos **cuentos** (ver nota 4) en los que sus ideas y reflexiones literarias o filosóficas (con temas como el tiempo circular, la vida repetida, el sentido del universo, etc.) se tratan de forma original uniendo la realidad y la fantasía. Algunos de los libros de **Borges** son: *Historia de la eternidad* (1936), *El Martín Fierro* (1953), *Historia universal de la infamia* (1935), *El jardín de los senderos que se bifurcan* (1941), *Ficciones* (1944), *El Aleph* (1949), *El hacedor* (1960), *El libro de arena* (1975), etc.

[4] **cuento** *m.*: texto literario corto de historias más o menos fantásticas.

[5] **La Biblioteca de Babel**: famoso **cuento** (ver nota 4) de **Jorge Luis Borges** (ver nota 3), recogido en su libro *Ficciones* (1944). La **biblioteca** (*f.*) es el edificio donde se guardan los libros ordenados para su lectura o consulta. Para **Borges**, la **Biblioteca de Babel** es el símbolo o representación del mundo.

[6] **voces** *f.*: sonidos que producen las personas cuando hablan o cantan.

[7] **sueño** *m.*: imágenes, historia que nos imaginamos despiertos o que nos representamos cuando dormimos. Un sueño es también, en lengua familiar, algo maravilloso que no parece real.

[8] **nace** (*inf.*: **nacer**): tiene origen; empieza a vivir.

[9] **ficheros** *m.*: muebles donde se guardan ordenadas las **fichas** (*f.*), papeles o cartones en los que se escriben datos y que pueden ordenarse o clasificarse entre otras.

[10] **editorial** *f.*: empresa que **edita** (*inf.*: **editar**) libros, revistas, periódicos o discos, es decir, que los hace, los reproduce y los pone a la venta. El **editor** (*m.*) es la persona que se ocupa de todo el proceso de edición.

[11] **Antártica**: del **Polo Sur** (ver nota 32) o de las regiones que lo rodean.

[12] **huelga** *f.*: paro o interrupción del trabajo que hacen los trabajadores, generalmente para protestar por algo o para pedir más dinero, mejores condiciones de trabajo, etc.

[13] **hielo** *m.*: agua que se ha hecho sólida por acción del frío.

[14] **provincia** *f.*: división territorial y administrativa de un país.

[15] **recuerdos** *m.*: imágenes de personas o de situaciones y hechos pasados que vienen a la memoria.

[16] **lana** *f.*: pelo de la oveja y de otros animales con el que se hacen prendas de vestir, mantas, etc.

[17] **anticuarios** *m.*: tiendas en las que se venden cosas antiguas o viejas. También la persona que vende estas cosas.

[18] **El Aleph**: título de un **cuento** (ver nota 4) de **Jorge Luis Borges** (ver nota 3), que da nombre a un libro publicado en 1949. En este cuento, **Borges** nos cuenta en primera persona cómo un mal poeta conocido suyo, Carlos Argentino Daneri, ha descubierto en la escalera del sótano de su casa un Aleph, una pequeña esfera de dos o tres centímetros, en la que pueden verse, a la vez, todos los lugares y hechos del mundo. **Aleph** era la primera letra del alfabeto de los semitas, es decir, de la familia de pueblos que dio origen a los árabes y hebreos.

[19] **puntos** *m.*: lugares, sitios determinados.

[20] **espacio** *m.*: extensión en la que están todos los cuerpos u objetos que existen.

[21] **confundirse**: mezclarse, unirse o juntarse.

[22] **orbe** *m.*: mundo, universo, conjunto de todas las cosas que existen.

[23] **ángulos** *m.*: esquinas o rincones.

[24] **buen día**: americanismo por «buenos días».

[25] **che**: vocativo para dirigirse a una segunda persona a la que se habla de «vos» (ver «Rasgos particulares de la lengua en *El libro secreto de Daniel Torres*», página 3).

[26] **allá:** en América, forma más usada que «allí».

[27] **chau:** americanismo por «adiós», «hasta luego», en lengua coloquial.

[28] **témpanos** *m.*: planchas o placas de **hielo** (ver nota 13) muy grandes.

[29] **glaciares** *m.*: grandes masas de **hielo** (ver nota 13) que se acumulan en las montañas más altas o en los **Polos**, Norte y Sur (ver nota 32).

[30] **lago** *m.*: gran extensión de agua rodeada de tierra por todas partes.

[31] **ecuador** *m.*: línea imaginaria que divide a la Tierra en dos mitades iguales. Las regiones ecuatoriales se caracterizan por sus altas temperaturas y sus lluvias abundantes.

[32] **Polo Sur:** región que está en la parte más al sur de la Tierra y que tiene un clima muy frío.

[33] **indios** *m.*: primeros habitantes de América. Colón los llamó así por pensar que había llegado a las Indias (Oriente).

[34] **piel** *f.*: lo que envuelve y protege el cuerpo de las personas y de los animales.

[35] **desiertos** *m.*: lugares deshabitados por falta de agua y de vegetación, donde, por lo general, solo hay arena.

[36] **acá:** en América, forma casi exclusivamente utilizada por «aquí».

[37] **plata** *f.*: americanismo por «dinero».

[38] **canales** *m.*: vías o caminos por los que pasa el agua.

[39] **niebla** *f.*: nubes muy bajas que tocan la tierra.

[40] **radioaficionado** *m.*: persona que, por *hobby* o afición, se pone en comunicación con otras mediante un aparato de radio.

[41] **destino** *m.*: fuerza superior que determina lo que tiene que ocurrirle a una persona.

[42] **papas** *f.*: americanismo por «patatas».

Dirección de arte: **José Crespo**
Proyecto gráfico: **Carrió/Sánchez/Lacasta**
Ilustración: **Jorge Fabián González**
Jefa de proyecto: **Rosa Marín**
Coordinación de ilustración: **Carlos Aguilera**
Jefe de desarrollo de proyecto: **Javier Tejeda**
Desarrollo gráfico: **Rosa Barriga, José Luis García, Raúl de Andrés**

Dirección técnica: **Ángel García**
Coordinación técnica: **Fernando Carmona, Lourdes Román**
Confección y montaje: **María Delgado, Marisa Valbuena, Eva Hernández**
Cartografía: **José Luis Gil, Belén Hernández, José Manuel Solano**
Corrección: **Gerardo Z. García, Nuria del Peso, Cristina Durán, Pablo Pérez**
Documentación y selección de fotografías: **Mercedes Barcenilla**
Fotografías: M.ª A. Ferrándiz; Prats i Camps; EFE/Toni Albir; L. Gené; ARCHIVO SANTILLANA
Grabaciones: **Textodirecto**

© 1996 by Rosana Acquaroni Muñoz

© 2008 Santillana Educación

© 2009 Santillana Educación
Torrelaguna, 60. 28043 Madrid

En coedición con Ediciones de la Universidad de Salamanca

PRINTED IN SPAIN

Impreso en España por Unigraf S.L.

ISBN: 978-84-9713-119-3
CP: 161235
Depósito legal: M-1451-2010